• • • Gästebuch • • •

• • • Gästebuch • • •

• • • Gästebuch • • •

• • • Gästebuch • • •

• • • Gästebuch • • •

• • • Gästebuch • • •

• • • Gästebuch • • •

• • • Gästebuch • • •

• • • Gästebuch • • •

• • • Gästebuch • • •

• • • Gästebuch • • •

• • • Gästebuch • • •

• • • Gästebuch • • •

• • • Gästebuch • • •

• • • Gästebuch • • •

• • • Gästebuch • • •

• • • Gästebuch • • •

• • • **Gästebuch** • • •

• • • Gästebuch • • •

• • • Gästebuch • • •

• • • Gästebuch • • •

• • • Gästebuch • • •

• • • Gästebuch • • •

• • • Gästebuch • • •

• • • Gästebuch • • •

• • • Gästebuch • • •

• • • Gästebuch • • •

• • • Gästebuch • • •

• • • Gästebuch • • •

• • • Gästebuch • • •

• • • Gästebuch • • •

• • • Gästebuch • • •

• • • Gästebuch • • •

• • • Gästebuch • • •

• • • Gästebuch • • •

• • • Gästebuch • • •

• • • Gästebuch • • •

• • • Gästebuch • • •

• • • Gästebuch • • •

• • • Gästebuch • • •

• • • Gästebuch • • •

• • • Gästebuch • • •

• • • Gästebuch • • •

• • • Gästebuch • • •

• • • Gästebuch • • •

• • • Gästebuch • • •

• • • Gästebuch • • •

• • • Gästebuch • • •

• • • Gästebuch • • •

• • • **Gästebuch** • • •

• • • Gästebuch • • •

• • • Gästebuch • • •

· · · Gästebuch · · ·

• • • Gästebuch • • •

• • • Gästebuch • • •

• • • Gästebuch • • •

• • • Gästebuch • • •

• • • Gästebuch • • •

• • • Gästebuch • • •

• • • Gästebuch • • •

• • • Gästebuch • • •

• • • Gästebuch • • •

• • • Gästebuch • • •

• • • Gästebuch • • •

• • • Gästebuch • • •

• • • Gästebuch • • •

• • • Gästebuch • • •

• • • Gästebuch • • •

• • • Gästebuch • • •

• • • Gästebuch • • •

• • • Gästebuch • • •

• • • Gästebuch • • •

• • • Gästebuch • • •

• • • Gästebuch • • •

• • • Gästebuch • • •

• • • Gästebuch • • •

• • • Gästebuch • • •

• • • Gästebuch • • •

• • • Gästebuch • • •

• • • Gästebuch • • •

• • • Gästebuch • • •

• • • Gästebuch • • •

• • • Gästebuch • • •

• • • Gästebuch • • •

• • • Gästebuch • • •

Printed in Poland
by Amazon Fulfillment
Poland Sp. z o.o., Wrocław
07 December 2023

23eb77ad-6955-49e4-914d-a65f6330dab7R01